Sommario

Introduzione 4

Capitolo 1 – Cosa è l'Analisi Fondamentale 7

   1.1 – Principali differenze tra Analisi Fondamentale e l'Analisi Tecnica..................15

   1.2 – A cosa serve l'Analisi Fondamentale ...25

   1.3 – La raccolta e l'analisi dei dati 34

      1.3.1 – Dati macroeconomici 39

      1.3.2 – Dati microeconomici 46

   1.4 – Difficoltà operative dell'applicazione dell'Analisi Fondamentale............................51

Capitolo 2 – Il bilancio di esercizio e l'Analisi Fondamentale 57

   2.1 – Struttura del bilancio 60

      2.1.1 – Stato Patrimoniale 62

      2.1.2 – Conto Economico 65

2.1.3 – Nota Integrativa e Rendiconto Finanziario 69

2.2 – L'analisi degli indicatori del bilancio utili all'Analisi Fondamentale 74

2.2.1 - Earning Before Interest, Taxes, Depreciation and Amortisation 75

2.2.2 – Return On Equity 78

2.2.3 – Return On Investment 80

Capitolo 3 – L'Analisi Fondamentale nel mercato azionario e nel Forex 82

3.1 – Il mercato azionario: analisi settoriale e valutazione delle società 86

3.2 – Il valore intrinseco dei titoli azionari ... 89

3.2.1 – Il modello di attualizzazione dei dividendi 95

3.2.2 – Il metodo dei multipli di mercato . 97

3.3 – Il settore immobiliare 101

3.4 – L'Analisi Fondamentale nel Forex 110

3.4.1 – La Politica Monetaria delle Banche Centrali..................................116

3.4.2 – L'economia.................................117

3.4.3 – L'andamento dei commodities oro e petrolio................................119

Conclusioni....................................121

Introduzione

Le origini dell'Analisi Fondamentale risalgono a tempi remoti, ma nonostante ciò essa rappresenta ancora oggi un pilastro fondamentale per lo studio e per l'interpretazione degli asset finanziari. Riuscire a destreggiarsi in questo tipo di analisi può rivelarsi molto utile per valutare l'economia e i settori del mercato, per imparare a gestire e investire in modo prudente e consapevole il proprio capitale.

Coloro che intendono investire attraverso l'utilizzo dell'Analisi Fondamentale ma non sono professionisti in tale ambito, possono trovare notevoli difficoltà, tuttavia grazie ad uno studio della materia potranno essere in grado di acquisire le competenze necessarie per interpretare nel modo corretto i segnali dei mercati. Infatti il presupposto di tale analisi è proprio l'interpretazione dei dati, a differenza dell'Analisi Tecnica che fornisce invece gli indicatori e le risorse necessarie.

L'utilizzo dell'Analisi Fondamentale può rivelarsi un ottimo strumento di studio, ma lo sarà ancora di più se verrà affiancata all'Analisi Tecnica in modo combinato. Il lavoro dell'analista fondamentale consiste infatti nella ricerca e nell'interpretazione dei dati finanziari presenti nel mercato, degli indicatori e dei parametri stabiliti dall'Analisi Tecnica, per raggiungere i migliori risultati possibili.

Capitolo 1 – Cosa è l'Analisi Fondamentale

Ogni investitore utilizza tecniche differenti al fine di tentare di anticipare i movimenti dei mercati finanziari e ottenere in questo modo dei profitti. Una delle tecniche maggiormente utilizzate dai trader prende il nome di Analisi Fondamentale. A prescindere dall'esperienza posseduta dall'investitore, infatti, l'Analisi Fondamentale consente di spiegare, mediante dei dati, ciò che effettivamente si sta verificando in un determinato mercato finanziario, in modo tale da ipotizzare quello che potrà accadere al trend nei periodi successivi.

Molti individui hanno tentato più volte di affacciarsi nel mondo del trading ma, non essendo in possesso di una vera e propria strategia di analisi del mercato e di gestione del denaro, hanno terminato la loro esperienza con un fallimento. Infatti osservare i dati forniti da enti e istituti di ricerca può rivelarsi un'azione del tutto inutile, in quanto le statistiche sono incomprensibili: il trader inesperto non è infatti in grado di valorizzare queste informazioni, selezionandole e inserendole all'interno di uno schema logico.

Ciò che contraddistingue l'Analisi Fondamentale da ogni altra tecnica di analisi del mercato è la possibilità di improntare la propria strategia non su fatti storici o passati, ma su ciò che sta avvenendo nel momento esatto in cui si decide di investire.

Dunque l'Analisi Fondamentale si occupa di osservare ed esaminare l'andamento del business, per studiare la sua capacità di migliorarsi in futuro e le modalità con le quali può crescere. In questo modo il trader ha un quadro completo del trend del mercato. Naturalmente può rivelarsi controproducente improntare la propria strategia solamente sull'Analisi Fondamentale. È infatti importante per un trader amalgamare i dati e le statistiche derivanti da differenti tecniche di analisi, in modo tale da aumentare le probabilità di ottenere dei successi nello svolgimento dell'attività di trading.

È però noto il fatto che molti trader decidono di tralasciare completamente questa tipologia di analisi, concentrandosi su altre tecniche. Un nuovo trader che si affaccia sul mercato Forex o su qualsiasi altro mercato finanziario utilizzando anche l'Analisi Fondamentale può dunque partire avvantaggiato rispetto agli altri investitori, riuscendo a far fronte agli altri soggetti concorrenti e a rimanere attivamente sul mercato nel lungo periodo.

L'Analisi Fondamentale non si focalizza dunque sugli elementi visibili che caratterizzano un trend, come ad esempio il prezzo di un determinato strumento finanziario, oppure sui profitti ottenibili da un certo investimento, bensì essa si basa sullo studio del business e sul valore che lo stesso potrebbe generare nel tempo, se ottimizzato in maniera corretta. Si tratta di una visione molto più ampia del mercato, che consente di non escludere dall'analisi alcuni elementi, talvolta fondamentali, che altrimenti sarebbero stati trascurati.

L'Analisi Fondamentale generalmente è orientata al lungo periodo, in quanto è impossibile individuare quale possa essere l'andamento del trend nel breve termine, essendo il business un dato molto variabile e incline a mutamenti stagionali, dovuti principalmente alle strategie adottate dalle imprese.

In definitiva, l'Analisi Fondamentale si occupa di analizzare e studiare quale sia lo stato di salute di una determinata impresa oppure di un asset finanziario. L'Analisi

Fondamentale deve essere applicata in maniera costante, in modo tale da verificare se il benessere dell'impresa o del mercato sia in crescita o in calo e quali siano le conseguenze di alcuni eventi economici su di esso. Il trader deve venire a conoscenza di tutti gli elementi che caratterizzato il patrimonio e l'economia dell'azienda, ma anche la performance di quest'ultima, esaminabile solamente applicando una serie di indici alle voci che compongono il bilancio di esercizio.

L'Analisi Fondamentale si prefigge, a seconda dell'impresa o dell'asset analizzato, una serie di obiettivi, che possono aiutare il trader a prendere le decisioni di investimento corrette:

- Innanzitutto la valutazione del business, per garantire maggiori probabilità di profitto nello svolgimento del trading di lungo periodo;
- In secondo luogo la valutazione del trend macroeconomico, con l'analisi approfondita degli aspetti relativi alla produzione locale, che sono in grado di influenzare l'andamento dell'impresa o dell'asset;
- In terzo luogo la valutazione delle scelte amministrative e strategiche di ogni impresa in grado di influenzare l'asset,

ma anche delle decisioni intraprese dai vertici politici con la focalizzazione degli effetti di tali scelte sul mercato;
- Infine la valutazione dettagliata del rapporto tra rendimento e rischio, con lo studio di tutti gli elementi che possono alterare questo rapporto e con l'analisi degli eventi futuri che potrebbero incidere su di esso.

1.1 – Principali differenze tra Analisi Fondamentale e l'Analisi Tecnica

L'Analisi Fondamentale, per caratteristiche ed oggetti presi in esame, rappresenta l'antitesi dell'Analisi Tecnica. Quest'ultima viene utilizzata dai trader per approfondire l'andamento storico dei prezzi di un determinato strumento finanziario, in modo tale da individuare una corrispondenza nel comportamento del trend e, sulla base di questa, ipotizzare quale sarà la sua evoluzione futura. Dunque l'Analisi Tecnica non rivolge lo sguardo verso il business e gli indici di bilancio, bensì focalizza la propria attenzione sui prezzi e sui grafici che riportano le oscillazioni degli stessi.

L'intera Analisi Tecnica, infatti, si basa sul concetto che tutti gli uomini, ed in particolare i soggetti che agiscono all'interno dei mercati finanziari, compiono in maniera ripetitiva le proprie azioni. Questa idea si lega in particolare al fatto che le azioni umane sono mosse dall'istinto: quando il trend è favorevole l'euforia irrefrenabile porta i soggetti ad aprire sempre più posizioni; viceversa, la depressione dovuta all'incapacità di anticipare l'evoluzione del trend porta i trader a chiudere le posizioni. Queste due emozioni, del tutto irrazionali, vengono messe in atto in maniera quasi monotona, spingendo il trend verso l'alto o verso il basso. L'Analisi Tecnica dunque tenta di capire quale sia lo stato d'animo dei trader, in modo tale da anticipare l'evoluzione del trend.

Tutto questo non viene contemplato dall'Analisi Fondamentale che invece focalizza unicamente la propria attenzione sui dati diffusi e resi pubblici dagli enti di statistica e dai bilanci delle singole società finanziarie. Queste informazioni però sono considerate incomplete, e dovranno essere analizzate con l'ausilio delle formule relative alla matematica finanziaria.

Un'ulteriore distinzione tra queste due tipologie di analisi è rappresentata dal momento nel quale viene decisa l'entrata o l'uscita dal mercato. Infatti l'analista tecnico attende l'apertura, o la chiusura, di una posizione fino a che il prezzo non ha assunto un determinato valore. Questo implica che il trader debba osservare in maniera costante e quasi ossessiva l'andamento del trend e l'evoluzione del livello del prezzo. Un metodo alternativo è quello di affidarsi al cosiddetto Trading System, ossia sistemi automatizzati che agiscono in maniera del tutto autonoma sul mercato finanziario sulla base della strategia impostata dall'investitore. L'Analisi Fondamentale, invece, fa riferimento a due elementi presenti nel mercato: il valore effettivo dell'asset e il valore di mercato. Quando il valore effettivo è superiore al valore di mercato, l'analista fondamentale tende ad aprire una posizione sul mercato. Viceversa, la posizione deve essere chiusa nel momento in cui il valore di mercato supera quello effettivo.

Approfondendo queste due differenti tecniche di approccio al mercato è possibile affermare che l'analista fondamentale concentra le sue forze nella fase iniziale del trading, ossia quella di raccolta dei dati e di studio delle informazioni, mentre all'analista tecnico è richiesto uno sforzo maggiore nel momento di osservazione del trend, ossia durante la fase immediatamente precedente a quella di entrata o di uscita dal mercato. In quest'ultimo caso, però, lo stress potrebbe facilmente indurre il trader all'errore: i mercati sono infatti eccessivamente agitati e cogliere il momento giusto per effettuare la propria scelta può rivelarsi davvero complicato.

In linea generale, però, è impossibile definire a priori quale sia la tecnica di analisi migliore tra le due, essendo entrambe le tipologie legate a fattori esterni e alla propensione al rischio posseduta dal singolo investitore. Un ottimo trader è a conoscenza del fatto che sia l'Analisi Fondamentale che quella Tecnica sono importantissime per raggiungere il successo nel mondo del trading e proprio per questo motivo la scelta migliore è quella di utilizzare entrambe le tecniche a seconda della situazione, o addirittura di combinarle per aumentare le probabilità di ottenere dei profitti.

Naturalmente, a prescindere dall'analisi per cui si opta, è basilare affiancare ad ognuna di esse una corretta strategia di gestione del capitale e di gestione del rischio. Inoltre il trader deve sempre tenere conto della volatilità presente sui mercati, e sulla base di ogni elemento effettuare la propria scelta di investimento.

Come detto, l'Analisi Tecnica e quella Fondamentale possono essere pensate un po' come due categorie opposte di interpretazione del mercato, ma non per questo motivo il trader non deve utilizzarle in maniera combinata. Infatti, portare avanti entrambe le tipologie di analisi può portare dei vantaggi, in quanto l'investitore potrà farsi un'idea chiara del mercato, sia nel breve e medio periodo, che sul lungo termine.

Una delle strategie maggiormente adottate dai trader presenti sia nel Forex che negli altri mercati finanziari, è quella di allocare una determinata quantità di denaro sul mercato e utilizzarla seguendo le linee guida indicate dall'Analisi Tecnica, mentre la restante parte deve essere investita secondo i concetti insiti nell'Analisi Fondamentale. Si tratta di tentare indirettamente di raggiungere il profitto nel breve termine, seguendo l'Analisi Tecnica, e nel lungo termine, seguendo l'Analisi Fondamentale.

1.2 – A cosa serve l'Analisi Fondamentale

L'Analisi Fondamentale è utilizzabile anche in ambiti differenti dal trading. Molti manager ad esempio utilizzano i concetti appartenenti a questo approccio per ottenere delle previsioni, probabili ma non certe, su determinate attività economiche che siano in qualche modo legate alla propria società. Ampliando la visione del mondo economico, è possibile applicare l'Analisi Fondamentale anche per le scelte quotidiane, talvolta anche banali, che rappresentano la vita degli individui. In questo modo la visione del futuro può apparire meno incerta e sicuramente più luminosa.

L'Analisi Fondamentale può essere sfruttata anche dai singoli lavoratori. Un dipendente di un'azienda, infatti, può analizzare il bilancio e tutte le informazioni finanziarie che devono essere rese pubbliche in modo obbligatorio, al fine di intuire quale possa essere il futuro della società per la quale egli lavora e, di conseguenza, il proprio futuro.

I professionisti e in linea generale gli imprenditori possono inoltre ottenere dei vantaggi, anticipando eventuali crisi di settore. La capacità di ottenere e comprendere determinate informazioni, infatti, può permettere a questi soggetti di ricercare delle differenziazioni nel mercato, in modo tale da accaparrarsi un numero più alto possibile di clienti e fronteggiare la possibile crisi nel miglior modo.

Ma l'Analisi Fondamentale può essere utilizzata anche per studiare i benefici futuri relativi all'acquisto di un bene durevole. Sia che si tratti di un'azienda che di un qualunque soggetto privato, l'acquisto di un bene di questo genere deve essere sufficientemente ponderato. Ma un'analisi di questo genere può essere portata avanti anche da un'azienda venditrice, che studia le possibilità finanziarie ed economiche dei potenziali clienti. Ma non solo, molti soggetti fisici e giuridici infatti analizzano lo stato di salute degli istituti finanziari per capire quale sia l'ente migliore nel quali depositare i propri risparmi.

Per poter realizzare tutto questo però, l'Analisi Fondamentale deve essere strutturata sulla base di alcuni passaggi, che se svolti correttamente ne garantiscono la piena efficacia.

Uno dei primi passaggi che ogni trader o qualsiasi altro soggetto deve mettere in atto riguarda la raccolta dei dati da sottoporre ad analisi, relativi ad un determinato asset, ad un'azienda o ad un ente finanziario. Grazie all'avvento di Internet, i soggetti al giorno d'oggi sono in grado di reperire con estrema facilità i dati necessari a realizzare uno studio di questo genere, in particolare navigando all'interno delle pagine web delle varie istituzioni governative nazionali ed internazionali.

Un secondo passaggio può essere individuato nelle indagini realizzate dai soggetti interessati direttamente nei luoghi di attività. Ciò significa che se un trader decide di analizzare un determinato business in modo tale da valutare l'entrata nel mercato, egli deve recarsi nelle sedi finanziarie e legali delle varie società che caratterizzano tale business e verificare quale sia l'effettiva affluenza di clienti, oppure l'ampiezza della disponibilità dei prodotti da vendere od ancora le modalità di organizzazione aziendale adottate dalle singole aziende.

Una volta ottenuti i dati statistici e quelli visivi, l'analista fondamentale deve organizzarli, suddividendoli in base alla natura finanziaria. Generalmente i dati vengono assegnati a due categorie: quella macroeconomica e quella microeconomica.

Ogni soggetto però, può decidere di effettuare una suddivisione differente a seconda delle proprie necessità. Per porre in essere questo passaggio è necessario affidarsi a fogli di lavoro elettronici.

L'analista fondamentale deve però proseguire nel suo lavoro di raccolta dei dati. Infatti è importante documentarsi su tutte le società concorrenti presenti sugli asset, per verificare quale sia il loro reale stato di salute, ma soprattutto il loro atteggiamento. Esistono infatti fasi di mercato durante le quali le società appaiono agguerrite, e decidere di aprire determinate posizioni finanziarie durante questi periodi può rivelarsi controproducente. I dati raccolti dovranno essere utilizzati per realizzare dei confronti, noti agli esperti con il termine di benchmark.

In realtà la fase di raccolta dei dati può considerarsi infinita per chi decide di affidarsi all'Analisi Fondamentale. Naturalmente, una volta raccolti i dati passati e presenti delle società, dei concorrenti e degli enti finanziari, si tratterà solamente di un lavoro di aggiornamento, che comporta uno sforzo minore rispetto a quello svolto nella fase iniziale dello studio.

Alcuni analisti fondamentali, soprattutto se inesperti, decidono di saltare o comunque sottovalutano questi passaggi. In realtà, senza una base statistica e una visione chiara della situazione del mercato e dello stato di salute delle aziende concorrenti, è impossibile rapportare l'asset al suo valore di mercato, per capire se si è in una momento di sottostima o sovrastima dello stesso.

Un approccio di questo genere porta l'analista fondamentale ad avere dei vantaggi rispetto a qualsiasi altro soggetto. Tale vantaggio però deve essere mantenuto nel tempo, mediante una corretta gestione del capitale, un'efficace gestione del rischio e un aggiornamento costante dei dati.

1.3 – La raccolta e l'analisi dei dati

Come detto in precedenza, Internet e i vari siti web rappresentano la fonte principale dalla quale attingere i dati statistici, patrimoniali ed economici utili a realizzare una corretta Analisi Fondamentale. È dunque consigliato segnare ogni singola pagina web in un calendario economico, nel quale vengono riportate tutte le date di pubblicazione delle informazioni necessarie all'analisi.

In particolare l'analisi fondamentale deve ricercare tutti gli annunci di politica monetaria, relative a dati o informazioni, che vengono periodicamente rilasciate dalle singole Banche centrali nazionali. Inoltre sono fondamentali i dati trimestrali relativi all'andamento del PIL, ossia del Prodotto Interno Lordo, di ogni nazione, che ne indica lo stato di salute e l'evoluzione economica. Infine, a seconda della tipologia di Analisi Fondamentale portata avanti, è necessario raccogliere i dati relativi alla produzione del solo settore manifatturiero e, di conseguenza, di tutta la produzione che non deriva da questo settore, in particolare quella relativa al settore industriale e al settore terziario o dei servizi. Ma non solo. È importante non sottovalutare i dati relativi all'inflazione presente in un determinato Stato, elemento che condiziona notevolmente l'andamento dei prezzi sui vari asset, ma anche quelli che si riferiscono all'occupazione e al welfare di un Paese. Infine l'analista fondamentale deve raccogliere i dati che consentono di ottenere gli indici rappresentativi della fiducia di imprese e consumatori, i dati riportati sui bilanci delle singole aziende o altri dati economici e patrimoniali che vengono rilasciati dagli enti o dalle società in modo periodico, come ad esempio il dato relativo alle previsioni sugli andamenti futuri dei mercati che viene rilasciato dalla Commissione Europea.

È inoltre consigliato di reperire le statistiche e i dati puri, che non siano stati già analizzati e interpretati dalla stampa, in quanto la situazione aziendale o dell'asset potrebbe essere stata alterata, anche non volutamente. Altre volte la difficoltà di reperire le informazioni sono legate alla differenza di lingua, specialmente se si tratta di investimenti da effettuare nei Paesi asiatici. Dunque se non si è in grado di interpretare una lingua, un investimento di questo genere potrebbe rivelarsi davvero molto pericoloso, non avendo a disposizione un'Analisi Fondamentale di supporto e una strategia ben studiata alle spalle.

La creazione di un calendario economico, dunque, rappresenta uno dei primi passi necessari al fine di organizzare la propria attività di raccolta dei dati. È possibile scaricare online dei calendari già compilati, che però dovranno essere aggiornati e incrementati sulla base delle proprie necessità.

Una volta realizzato un calendario di questo genere è possibile analizzare i vari dati macroeconomici e microeconomici presenti in ogni singolo asset.

1.3.1 – Dati macroeconomici

La macroeconomia è considerata una branca della materia finanziaria che si occupa dell'analisi di alcune misure considerate basilari per portare avanti una corretta Analisi Fondamentale.

Innanzitutto la macroeconomia si occupa di valutare il rapporto tra debito e Prodotto

Interno Lordo nazionale, per capire quale sia l'effettivo andamento evolutivo di uno Stato.

In secondo luogo, la macroeconomia considera quale sia il tasso di occupazione nazionale. Questo tasso può essere scomposto per età e per periodo stagionale, in modo tale da poter effettuare differenti approfondimenti. Anche il tasso di inflazione è uno degli indicatori basilari dell'Analisi Fondamentale: questo tasso deve essere relativamente basso per evitare che la moneta perda valore, ma non eccessivamente basso in quanto uno Stato con un tasso di inflazione che tende allo zero rischia di finire in recessione. Infine la macroeconomia si occupa del tasso di crescita economico, che evidenzia in quale misura un Paese possa ottenere in futuro dei benefici e raggiungere determinati obiettivi.

Ciascuno di questi tassi o rapporti consente all'analista fondamentale di valutare quale sia l'andamento di una determinata realtà economica. La macroeconomia non fa riferimento però a singole attività, bensì ai mercati considerati come sistemi aggregati. Dunque l'analista è tenuto ad accorpare i singoli output aziendali al fine di intuire quale possa essere l'evoluzione economica in un determinato asset. L'analisi deve essere effettuata considerando i dati puri, non elaborati da altri enti o agenzie.

Esistono infatti numerosi report, reperibili anche online, che offrono alcune interpretazioni sugli andamenti degli asset: queste interpretazioni possono però rivelarsi inesatte, ed è per questo motivo importante affidarsi alle proprie competenze piuttosto che a quelle messe a disposizione da soggetti esterni. Inoltre questi report possono fare riferimento ad orizzonti temporali differenti rispetto a quelli prefissati dall'analista: in questo senso le interpretazioni saranno differenti, essendo basate su logiche completamente diverse.

In questa logica diventa importante suddividere il commercio in due componenti: il capitale liquido, rappresentato dai pagamenti e dagli incassi, e il capitale differito, rappresentato dagli investimenti, dai crediti e dai debiti. Oltre a questo, l'analista deve valutare anche la bilancia dei pagamenti nazionale, per capire se il valore delle esportazioni supera quello delle importazioni.

Gli analisti fondamentali possono utilizzare però dei sistemi che semplificano i dati e la realtà economica. In particolare esistono due modelli che svolgono questo compito con efficacia, ossia l'Investment Saving – Liquidity Money, noto con l'acronimo IS-LM, e l'Aggregate Supply – Aggregate Demand, noto più semplicemente come AD-AS. Il primo di questi due modelli ha il compito di individuare quale sia il punto di equilibrio su un piano economico, considerando tale livello il punto di partenza per poter effettuare le previsioni nel medio periodo. Il secondo modello, invece, focalizza l'attenzione sui singoli processi che portano il mercato in un determinato punto di equilibrio, e tenta di capire il motivo per cui tali processi si verificano. È però errato escludere completamente dall'analisi ottenuta con questi modelli le oscillazioni che caratterizzano il mercato nel breve periodo. Queste infatti sono molto importanti per riuscire a definire l'andamento nel mercato in orizzonti più ampi.

Dunque l'analisi dei dati macroeconomici è fondamentale per capire quale sia l'evoluzione di alcuni asset o di un intero mercato finanziario, ma anche di realtà economiche molto più ampie. Un'analisi improntata su queste informazioni può portare a dei risultati sorprendenti, che possono confermare o contraddire gli esiti di un'analisi microeconomica, ma che comunque offrono interpretazioni molto importanti per capire quale possa essere l'andamento del mercato nel lungo periodo, considerati anche alcuni eventi inattesi.

Il vantaggio dell'Analisi Fondamentale dei dati macroeconomici è rappresentato dalla possibilità di recepire facilmente e in qualsiasi momento informazioni e dati relative alle realtà economiche osservate.

1.3.2 – Dati microeconomici

La microeconomia si pone in contrapposizione alla macroeconomia, in quanto analizza le singole realtà economiche, valutando la loro evoluzione nel tempo. In particolare la microeconomia studia e si focalizza sugli andamenti nel mercato dei singoli individui, intesi come consumatori dei beni prodotti dalle aziende e dei servizi offerti dalle stesse, ma anche delle singole imprese, nel doppio ruolo di fornitrici e clienti, ed infine le organizzazioni e le istituzioni, sia pubbliche che private.

È importante per l'analista fondamentale capire che i dati macroeconomici non hanno un vero e proprio senso se non vengono accompagnati da quelli microeconomici. Invece se una singola impresa, anche se piuttosto grande, licenzia alcuni suoi dipendenti, tale scelta non avrà alcuna ripercussione sui dati macroeconomici. Allo stesso tempo, però, se i licenziamenti riguardano più società, allora il tasso di occupazione, inteso come grandezza macroeconomica, subirà delle influenze, variando il suo valore.

In ogni caso è sempre bene confrontare e integrare i dati posseduti, in modo tale da capire in modo più approfondito quale sia l'andamento attuale del mercato.

Gli analisti fondamentali studiano i dati microeconomici essendo a conoscenza di un concetto che sta alla base di questo ambiente, ossia quello che i soggetti effettuano ogni singola azione ricercando il profitto. Dunque ogni azienda vende all'interno del mercato un determinato prodotto ad un prezzo sicuramente maggiore rispetto alla somma dei singoli costi sopportati per produrlo. Se questo non avviene, infatti, l'azienda andrà incontro ad una perdita, e nel mondo microeconomico questo non può essere accettato: le imprese in perdita sono infatti destinate ad abbandonare il mercato, in quanto raggiunta una certa soglia non sono più in grado di sostenere le spese. Dunque ogni investitore sarà tenuto a selezionare solamente gli investimenti che garantiscono una sufficiente probabilità di guadagno nel lungo termine, mentre dovrà resistere alla tentazione di effettuare alcuni investimenti seguendo solamente il proprio istinto.

Questa tentazione, che si traduce spesso in investimenti fallimentari, nascono in momenti delicati attraversati dai trader: essi hanno scelto il business sbagliato al quale affidare il proprio denaro e tentano di rimediare all'errore iniziale aumentando il rischio del proprio investimento.

1.4 – Difficoltà operative dell'applicazione dell'Analisi Fondamentale

Le difficoltà che derivano dall'applicazione dell'Analisi Fondamentale fanno sì che siano in tanti coloro che la disprezzano in favore dell'Analisi Tecnica. Ma in realtà, proprio per via di tale complessità, gran parte di queste persone non è in grado di utilizzare questo tipo di analisi. Infatti se nell'Analisi Tecnica è sufficiente studiare i vari indicatori e prendere confidenza con essi, nell'Analisi Fondamentale è indispensabile interpretare i segnali sulla base delle variabili economiche, finanziarie e sociali che possono intervenire in un determinato contesto o mercato. Questa interpretazione è operativamente molto complessa, in quanto va oltre la logica, e non è facile riuscire a non farsi condizionare dalle emozioni in favore della razionalità. È infatti sufficiente un rumor per influenzare il mercato e i prezzi.

L'interpretazione rappresenta quindi la principale difficoltà operativa dell'Analisi Fondamentale, e diventa ancora più complessa a causa dell'elevato numero di dati da analizzare, quantificabili in migliaia di migliaia di indicatori, che potrebbero influire e incidere positivamente o negativamente sui prezzi. Per ovviare a tale inconveniente gli analisti fondamentali cercano di circoscrivere i dati più importanti, per facilitare almeno in parte tutta la procedura di analisi.

L'Analisi Fondamentale consiste dunque nello studio dell'ambiente macroeconomico e microeconomico di riferimento, sulla base di un modello econometrico ben definito che identifica le relazioni fra le realtà economiche analizzate. Tali modelli però non sono flessibili, o meglio lo sono soltanto se applicati nelle decisioni in merito alle scelte di politica economica nazionale da parte dei governi; se vengono utilizzati per operare nei mercati finanziari tali modelli non sono facilmente adattabili, in quanto si compongono di variabili poco controllabili nel tempo e a causa della loro specificità verso un mercato piuttosto che un altro. Inoltre a causa della mole di dati da adattare i segnali non saranno tempestivi.

Per questo è necessario avere, oltre ad una approfondita conoscenza della matematica, del mercato e dell'econometria, anche una spiccata predisposizione per l'interpretazione dei dati.

Presentano delle difficoltà anche l'analisi settoriale e quella aziendale, volte ad identificare i possibili scenari finanziari, economici e patrimoniali delle aziende, per poter stimare nel modo più corretto i flussi del reddito connessi a quelli azionari. Per fare ciò, chi decide di investire nel mercato utilizzando l'Analisi Fondamentale può servirsi di supporti, gratuiti o a pagamento, che forniscono informazioni, ma che tuttavia sono ben lontani da quanto offerto dai vari broker.

Nel mondo sono nati vari siti che forniscono gratuitamente una banca dati utile a chi vuole effettuare operazioni di trading online in modo consapevole, come ad esempio Financialweb, ma in Europa non esistono ancora siti di questo genere.

Presupposto per l'Analisi Fondamentale è la conoscenza dell'analisi finanziaria, fatta a partire dai bilanci societari e dal mercato, attraverso i vari indici di apprezzamento, ma raramente i broker offrono strumenti di questo tipo, perciò l'unico modo per attuare correttamente l'Analisi Fondamentale è quello di diventare bravi analisti fondamentali.

Capitolo 2 – Il bilancio di esercizio e l'Analisi Fondamentale

L'Analisi Fondamentale si basa su uno degli strumenti principali utilizzati nell'intero ambiente economico, ossia il bilancio di esercizio. Lo scopo principale di questo documento è quello di mostrare a tutti i soggetti interessati, interni ed esterni, i cosiddetti stakeholder, l'andamento economico e patrimoniale dell'azienda. Si reatta dunque di una sorta di garanzia che l'azienda mostra ad ogni potenziale cliente o investitore. Inoltre questo documento consente all'azienda che lo redige di amministrare in modo idoneo i propri affari. È comunque un obbligo legale per le società quotate in borsa redigere e pubblicare il bilancio di esercizio, che deve essere messo a disposizione di ogni singolo investitore o soggetto interessato. Inoltre l'apertura delle aziende ai mercati internazionali ha obbligato la legge a tentare di uniformare questi documenti informativi al fine di facilitare un confronto tra bilanci di diverse aziende o tra bilanci di una stessa società in diversi periodi. Naturalmente un confronto di questo genere può essere realizzato solamente tra aziende del medesimo settore.

In realtà molti analisti fondamentali demordono dal portare avanti un'analisi improntata sul bilancio, in quanto spesso essi non hanno le competenze necessarie per poter leggere gli indici nella maniera più idonea, interpretando erroneamente l'andamento aziendale. Altre volte invece il bilancio può essere redatto in maniera piuttosto confusa, cosa che allontana i potenziali investitori.

Al fine di capire in maniera più rapida quale sia lo stato di salute di una determinata realtà economica è utile concentrarsi su tre documenti del bilancio di esercizio, ossia lo Stato Patrimoniale, il Conto Economico e gli indici di bilancio.

2.1 – Struttura del bilancio

Stato Patrimoniale e Conto Economico possiedono sono i documenti principali del bilancio di esercizio, e sono accompagnati, per poter essere spiegati ed integrati, dalla Nota Integrativa e dal Rendiconto Finanziario.

Lo Stato Patrimoniale presenta una struttura a sezioni contrapposte. Nella prima parte, ossia sulla sinistra del prospetto, si trovano le attività; sulla destra invece vi sono le passività. Il totale delle due sezioni dovrà corrispondere per avere uno Stato Patrimoniale corretto.

Il Conto Economico, invece, ha una forma a scalare, suddivisa in quattro sezioni. Man mano che si procede nella redazione del Conto Economico si mettono in risalto vari elementi fondamentali per poter procedere ad analizzare il bilancio mediante l'utilizzo degli indicatori.

Sia lo Stato Patrimoniale che il Conto Economico dovranno poi essere riclassificati, in modo tale da evidenziare ulteriori elementi, che nella stesura precedente non potevano essere mostrati.

2.1.1 – Stato Patrimoniale

Lo Stato Patrimoniale si occupa di raggruppare tutti gli elementi attivi e passivi di un'azienda. Tra gli elementi attivi rientrano gli investimenti, le immobilizzazioni, siano esse materiali, immateriali o finanziarie, l'attivo circolante, formato dalle rimanenze, dai crediti e dalle disponibilità liquide. Tra gli elementi passivi invece si trovano il patrimonio netto, i fondi per i rischi e gli oneri, il trattamento di fine rapporto e i debiti. Oltre a questi elementi dovranno essere ripartiti correttamente tra attività e passività, a seconda della manifestazione finanziaria, anche i ratei e i risconti.

Il patrimonio netto sarà frutto della differenza tra gli elementi attivi e quelli passivi. In questo modo il soggetto interessato potrà capire quale sia l'effettivo valore aziendale una volta estinti tutti i debiti iscritti a bilancio. Dunque il patrimonio netto manifesta quanto capitale proprio utilizza l'azienda per la realizzazione di una fase produttiva e, per esclusione, a quanto ammontano le fonti di finanziamento esterne possedute dall'azienda. Naturalmente un'azienda sana deve agire contando solamente sul capitale già in suo possesso, senza fare affidamento su prestiti o finanziamenti ricevuti da enti di credito.

Dunque l'obiettivo finale dello Stato Patrimoniale del bilancio di esercizio è quello di mettere in risalto sia la struttura patrimoniale che la situazione finanziaria di una determinata azienda. Proprio per questo motivo è uno dei documenti principali che deve essere necessariamente esaminato dagli analisti fondamentali.

2.1.2 – Conto Economico

Il Conto Economico è composto da tutte le voci relative ai costi e ai ricavi che si sono manifestati in un determinato intervallo di tempo, che generalmente coincide con un anno solare. Osservando il Conto Economico è dunque possibile intuire se l'azienda ha realizzato nel corso del periodo di esercizio un utile, ossia se è un'azienda profittevole, oppure se è incorsa in perdite. In casi rari l'azienda chiude il bilancio con un pareggio, ossia con un'eguaglianza perfetta tra costi e ricavi.

Definire a quanto ammonta l'utile o la perdita di un'azienda è semplicissimo: è infatti necessario sommare algebricamente ricavi e costi. Se si ottiene un valore positivo, ossia se i ricavi superano i costi, allora si è in presenza di un'utile; viceversa, se i ricavi sono inferiori ai costi, si registrerà una perdita.

Ma il Conto Economico fornisce molti altri dati interessanti per il potenziale investitore. Innanzitutto è possibile scomporre i risultati economici a seconda del prodotto o del settore produttivo aziendale. In questo modo è possibile intuire quale sia il prodotto considerato il cavallo di battaglia dell'azienda, i nuovi prodotti lanciati sul mercato e persino i punti deboli della società. Inoltre mediante il Conto Economico è possibile analizzare il patrimonio aziendale, rapportandolo con i profitti realizzati.

Un ulteriore aspetto legato al Conto Economico è la capacità di dimostrare a tutti i soggetti interessati la qualità del lavoro svolto da ogni singolo manager, a seconda delle funzioni svolte. Gli aspetti gestionali di un'impresa sono uno degli aspetti più importanti e allo stesso tempo più sottovalutati all'interno di un asset. In realtà proprio dalle idee e dalle strategie messe in atto da questi soggetti dipende l'effettivo andamento di un'azienda. Queste strategie dovranno rapportarsi con clienti, fornitori e soprattutto concorrenti, e portare l'azienda ad ottimizzare il profitto. Ma l'obiettivo non sempre viene raggiunto.

La differenza principale tra Stato Patrimoniale e Conto Economico è che il primo offre una visione statica del patrimonio di un'azienda, ossia quello posseduto nel momento di redazione del bilancio e dunque alla chiusura dell'esercizio, mentre il secondo analizza e rappresenta una situazione economica in evoluzione nel corso dell'esercizio, ossia il flusso di reddito.

2.1.3 – Nota Integrativa e Rendiconto Finanziario

Anche se meno importanti per il raggiungimento degli obiettivi prefissati da un analista fondamentale, il bilancio di esercizio si compone anche di altri due documenti, ossia la Nota Integrativa e il Rendiconto Finanziario.

La Nota Integrativa mostra a tutti i soggetti interessati le modalità di realizzazione del bilancio e quali sono i principi adottati in esso. Inoltre ha la funzione di spiegare in modo puntuale e dettagliato le singole voci presenti. Questo documento svolge dunque una funzione fondamentale per la standardizzazione dei bilanci di esercizio. I principi sui quali realizzare un bilancio, infatti, sono differenti e seguono logiche e strade completamente opposte, a seconda della loro visione del mercato e dell'economia. Dunque è opportuno precisare quale di queste vie i manager hanno adottato per la realizzazione del bilancio e come ogni voce deve essere interpretata dai soggetti interessati.

Il Rendiconto Finanziario, invece, è un documento che in Italia è diventato obbligatorio solamente nell'anno 2015, ma che comunque svolge un ruolo importante nell'interpretazione del bilancio di esercizio. Il suo obiettivo è quello di descrivere le disponibilità liquide, scomponendole e analizzandole, in modo tale da offrirne una visione chiara e lucida sia sull'ammontare che sulla loro evoluzione, in quanto vengono indicati i valori presenti all'inizio e alla fine dell'esercizio. Inoltre il Rendiconto Finanziario si occupa di analizzare i flussi finanziari derivanti dai singoli settori aziendali, nello specifico da quello relativo all'attività operativa, dai settori di investimento e da quelli di finanziamento. L'importanza di questo documento è quella di garantire all'analista fondamentale una visione dinamica del reddito aziendale. Lo stock patrimoniale, statico, infatti non consente di approfondire il trend e l'andamento della società nel mercato, ed offre dunque solamente un'analisi limitata dello stato di salute aziendale. È dunque necessario approfondire i flussi e analizzarli dettagliatamente, per poter intuire quale possa essere il reale andamento aziendale.

Inoltre la redazione del bilancio è basata sull'applicazione di alcuni principi stabiliti dalla legge nazionale o da un regolamento internazionale. I più importanti sono quelli relativi: alla prudenza, che implica che debbano essere riportati in bilancio solamente i componenti positivi certi mentre quelli negativi possono essere anche presunti; alla competenza economica, che implica che debbano essere inseriti solamente gli oneri e ricavi di competenza dell'esercizio, a prescindere dal momento in cui essi avranno manifestazione finanziaria; alla prevalenza della sostanza sulla forma, in base alla quale è necessario tenere conto della funzione economica delle singole voci.

2.2 – L'analisi degli indicatori del bilancio utili all'Analisi Fondamentale

L'analisi di bilancio è un passaggio molto complesso, che richiede competenze tecniche e conoscenze approfondite della materia. Lo scopo è quello di ottenere informazioni che altrimenti non possono essere conosciute: si tratta in particolare di dati riguardanti la gestione dell'azienda.

L'analisi si concentra sulle voci presenti nello Stato Patrimoniale e nel Conto Economico relativi all'esercizio in chiusura e offre indicazioni importanti, molto utili all'analista fondamentale, che rivelano quale sia il vero stato di salute dell'azienda. Per poterli utilizzare è però necessario rielaborare e riclassificare i bilanci, secondo varie modalità, a seconda dello scopo perseguito e degli elementi che si intende approfondire.

2.2.1 - Earning Before Interest, Taxes, Depreciation and Amortisation

Il primo importante indicatore di bilancio è il cosiddetto Earning Before Interest, Taxes, Depreciation and Amortisation, meglio noto con l'acronimo EBITDA. Lo scopo è quello di offrire all'analista fondamentale una visione obiettiva dell'ammontare della ricchezza che è stata prodotta dall'azienda, solamente nel suo settore caratteristico, ossia quello principale. È conosciuto anche come Margine Operativo Lordo, o semplicemente come MOL. In realtà questo indicatore sfrutta la riclassificazione del Conto Economico secondo il criterio del Valore Aggiunto per ottenere un risultato intermedio, frutto appunto solamente della gestione operativa, senza che siano ancora contemplati gli interessi passivi, le imposte, il deprezzamento e gli ammortamenti.

Un vantaggio offerto dal calcolo dell'EBITDA è rappresentato dalla possibilità di comparare facilmente il Margine Operativo Lordo di un bilancio di esercizio con quello presente negli altri bilanci, in modo tale da avere immediatamente una visione chiara dell'azienda che mostra l'andamento operativo migliore. La standardizzazione dell'EBITDA infatti è stata portata avanti negli anni proprio per favorire una comparazione da parte degli investitori, ma anche degli analisti fondamentali, che basano i loro profitti sullo studio delle caratteristiche aziendali.

2.2.2 – Return On Equity

L'indicatore Return On Equity, meglio noto come ROE, rientra tra i cosiddetti indici di redditività del capitale proprio. Questo indicatore viene utilizzato per analizzare l'economicità di un'azienda in termini percentuali, in quanto rapporta il Reddito netto al Capitale Netto: dunque indica quanta percentuale di investimento si è tradotta in reddito. Per avere delle informazioni vere e proprie sull'andamento dell'azienda è però necessario confrontare il valore del ROE ottenuto con i vari indicatori di investimento, in modo tale da riuscire a individuare quale sia il costo opportunità legato all'investimento iniziale dell'azienda. La differenza che scaturisce da questo confronto è definita in ambito economico come premio al rischio: se questo assume valore pari a zero, allora significa che sarebbe inutile investire in quell'azienda, in quanto l'investitore otterrebbe il medesimo esito non effettuando alcun investimento.

2.2.3 – Return On Investment

L'indicatore Return On Investment, noto anche con l'acronimo ROI, ha lo scopo di mettere in evidenza quale sia l'efficienza economica di una determinata azienda, tenendo in considerazione solamente la gestione caratteristica. Il ROI non considera invece le fonti che vengono utilizzate per raggiungere il reddito prodotto durante l'esercizio. Di conseguenza questo indicatore viene utilizzato dagli analisti fondamentali per capire quale sia il rendimento del capitale investito.

Per raggiungere il suo obiettivo il ROI rapporta il Risultato operativo totale ottenuto dall'azienda con la media del capitale investito nel corso del medesimo periodo di esercizio.

L'analista fondamentale deve però tenere conto di alcuni difetti presenti in questo indicatore. Innanzitutto il ROI aumenta con il trascorrere degli esercizi, in quanto il bilancio risentirà sempre più dell'incremento del valore degli ammortamenti. Un secondo punto negativo relativo al ROI è che esso mette a rapporto un valore stock, ossia il capitale investito, con un flusso, ossia il reddito operativo prodotto.

Capitolo 3 – L'Analisi Fondamentale nel mercato azionario e nel Forex

L'Analisi Fondamentale e l'Analisi Tecnica rappresentano le metodologie migliori per analizzare le evoluzioni dei mercati finanziari e, in particolare, del mercato Forex. Senza questi due approcci infatti i trader non avrebbero una base solida sulla quale effettuare le proprie previsioni, e gli investimenti potrebbero rivelarsi fallimentari. I trader si affidano in particolare all'Analisi Fondamentale per tentare di prevedere quale possa essere l'andamento di un determinato trend nel lungo periodo. Naturalmente l'Analisi Fondamentale effettuata sui mercati finanziari focalizzerà l'attenzione sui livelli dei prezzi degli strumenti finanziari, dei titoli e delle valute presenti nel mercato sul quale il trader intende investire. È naturale però che un'analisi di questo genere può essere messa in atto solamente da un trader esperto oppure da veri e propri analisti che svolgono per professione questi studi. Questo perché investitori inesperti non possiedono sufficienti competenze per descrivere correttamente gli eventi economici che possono influenzare il mercato finanziario.

Generalmente l'Analisi Fondamentale applicata sui mercati finanziari si concentra sulle cause macroeconomiche, ossia su tutti quegli eventi in grado di modificare la curva della domanda e quella dell'offerta persino nel mercato finanziario più grande al mondo, ossia il Forex. Dunque l'analista fondamentale volge il proprio sguardo verso l'andamento delle singole Nazioni, ma anche verso un trend omogeno che può accomunare un gruppo di Stati che presentano tratti geografici, etnici o culturali simili, oppure verso l'intera evoluzione economica mondiale. Ciò che però influenza maggiormente il mercato finanziario sono le decisioni intraprese dai vertici politici nazionali e internazionali. Essi infatti hanno influenze dirette sui risultati economici dei singoli Stati, in quanto la correlazione tra il mondo della politica e quello della finanza è diretta. Ulteriori aspetti che interessano l'analista fondamentale sono gli impatti del mondo sociale e persino del clima, sia sul commercio che sul prezzo dei beni. Sono infatti aspetti da non sottovalutare, che spesso possono aiutare il trader a capire in anticipo le future oscillazioni del mercato, generando così maggiori profitti.

3.1 – Il mercato azionario: analisi settoriale e valutazione delle società

Uno degli obiettivi che si pone un analista fondamentale è quello di capire quale sia il reale valore delle azioni, al fine di confrontarlo con il valore espresso sul mercato. In questo modo il trader ha la possibilità di investire sui titoli sottovalutati, ipotizzando che presto assumeranno il loro reale valore, grazie alle classiche correzioni finanziarie di mercato. L'approccio dell'Analisi Fondamentale al mercato azionario si basa su una serie di passaggi che ogni investitore deve mettere in pratica.

La prima fase si riferisce all'analisi di tutti gli scenari macroeconomici che possono influenzare il mercato azionario. Innanzitutto tale analisi deve essere suddivisa per aree geografiche e per aree economiche. In questo modo il trader potrà optare per i mercati considerati più favorevoli, a seconda degli esiti dell'analisi.

La seconda fase riguarda invece l'analisi settoriale. Si tratta di uno studio complesso, in quanto considera tutti i business presenti sul mercato nel quale si è scelto di investire ed esamina tutti i possibili scenari futuri. L'analisi settoriale esula dal mondo strettamente legato all'economia e alla finanza, in quanto ingloba materie sociali, informatiche, politiche e culturali. Naturalmente per portare avanti un'analisi di questo genere si richiedono determinate competenze e una conoscenza approfondita del mercato azionario.

La terza e ultima fase invece riguarda la valutazione delle società presenti sul mercato. Ciò significa che il trader deve valutare i bilanci di esercizio resi pubblici da ogni società, deve riclassificare lo Stato Patrimoniale e il Conto Economico e su questi prospetti deve applicare gli indici di bilancio. In questo modo l'investitore sarà in grado di capire quale sia il reale valore della società. Questo valore dovrà poi essere rapportato alla quotazione che la società esprime sul mercato, e sulla differenza che ne scaturisce il trader potrà realizzare un investimento con una probabilità di esito positivo molto più alta.

3.2 – Il valore intrinseco dei titoli azionari

Uno dei passaggi più importanti dell'intera Analisi Fondamentale è per un trader quello di capire cosa signifchi analizzare il valore intrinseco di un determinato asset. La definizione di valore intrinseco assume un significato piuttosto semplice da comprendere dal punto di vista teorico, ma nella pratica può rivelarsi molto difficile da ottenere.

È comunque necessario partire dal presupposto che il valore intrinseco di un determinato strumento finanziario o di un certo asset è un valore concettualmente utopistico. Infatti questo valore sarebbe possibile nella realtà solamente se tutti gli investitori fossero soggetti totalmente razionali, che non commettono errori e che agiscono efficientemente su dei benchmark perfetti. Solo in questo modo, infatti, si potrebbe ottenere il valore effettivo di un prodotto finanziario o di un mercato.

Identificare questo valore è però possibile, almeno ipoteticamente, ed è soprattutto estremamente vantaggioso. Per fare ciò, un analista fondamentale dovrebbe setacciare un business in ogni suo ambito, dal management alle strategie adottate, dagli investimenti realizzati al bilancio di esercizio, tenendo conto anche delle fonti dalle quali vengono attinte le risorse finanziarie e della loro capacità di trasformarsi in reddito. Una volta che l'analista si è fatto un'idea di quale possa essere il prezzo intrinseco di una certa realtà economica, dovrà analizzare quale sia il valore che la stessa ha assunto sul mercato e sulla base di questo dovrà effettuare il proprio investimento. Il concetto basilare sul quale dovrà fondare il suo trading è però quello che nel lungo periodo il prezzo assunto da un asset finanziario e il suo valore intrinseco andranno, tendenzialmente, a coincidere. Dunque se il valore assunto nel mercato dal business è inferiore al valore intrinseco calcolato, allora l'analista sarà orientato ad acquistare il titolo, sapendo che probabilmente nel lungo periodo questi corrisponderanno.

Dunque è possibile affermare che la determinazione del valore intrinseco di un titolo azionario o di un asset può rappresentare l'obiettivo principale dell'intera Analisi Fondamentale. Una volta che l'investitore è venuto a conoscenza di questo dato, infatti, potrà decidere di effettuare o meno il proprio investimento, sapendo già, se è stato conteggiato correttamente, quale sarà il probabile andamento futuro del prezzo osservato nel mercato.

Proprio per questo motivo gli esperti in materia hanno tentato di creare differenti modelli che aiutassero l'investitore a risalire più velocemente al valore intrinseco. Alcuni modelli però implicano passaggi piuttosto complessi, che possono indurre all'errore e far ottenere un risultato completamente inesatto.

È possibile però ricondurre i modelli solamente a due tipologie: i Dividend Discount Models, noti anche come modelli di attualizzazione dei dividendi, e gli Stock

Market Multiples, noti come modelli dei multipli di mercato. Ciascuno di questi modelli ha subito importanti modifiche negli anni, che hanno portato ad un'ottimizzazione complessiva dell'intera Analisi Fondamentale.

3.2.1 – Il modello di attualizzazione dei dividendi

I Dividend Discount Models sono incentrati sull'attualizzazione del prezzo finale di un determinato strumento finanziario e sull'attualizzazione di tutti i dividendi che sono stati erogati in un determinato intervallo di tempo, che coincide con il periodo di possesso del medesimo strumento. Tale attualizzazione dipende inevitabilmente da un tasso di interesse, che deve essere calcolato affidandosi ad ulteriori strumenti di analisi, come ad esempio il modello CAPM (Capital Asset Pricing Model).

La logica che caratterizza questo modello si basa sulla conoscenza e sullo studio dei dati di bilancio resi pubblici dalle società, dai quali è possibile evincere un ipotetico valore intrinseco di un titolo finanziario. Il valore ottenuto è naturalmente da comparare con quello sul mercato, sia per capire se è effettivamente attendibile, sia per intuire se il business è sottovalutato o sopravalutato.

3.2.2 – Il metodo dei multipli di mercato

Gli stessi risultati ottenuti con il metodo di attualizzazione dei dividendi sono raggiungibili anche con la metodologia dei multipli di mercato, uno dei metodi più utilizzati dai trader per effettuare una corretta valutazione aziendale. Questo sistema basa il suo approccio sulla valutazione dei prezzi dei beni prodotti da società tra loro simili che appartengono al medesimo settore. I prezzi analizzati vengono rapportati alle voci di bilancio, in particolare all'utile, ma anche all'EBITDA, all'EBIT e al patrimonio netto. Da questo rapporto scaturiscono differenti multipli.

Il multiplo più importante e più utilizzato dai trader è quello relativo al rapporto tra prezzo e utile medio del settore. Generalmente viene utilizzato l'utile storico, ma l'indicazione migliore si ottiene rapportando il prezzo all'utile atteso per l'esercizio in corso. Questo multiplo di mercato fornisce informazioni importanti relativamente al numero di anni necessari a ripagare con i soli utili gli investimenti effettuati dall'azienda. Un valore basso del rapporto indica che l'azienda è sottovalutata, viceversa valori alti indicano che si è in presenza di una sopravvalutazione. Non esiste però un valore standard che il trader può considerare come punto ottimale, bensì la valutazione del multiplo deve essere comparata con il settore di riferimento. Infatti un settore ormai maturo presenta dei rapporti tra prezzo e utile inferiori mentre, a causa delle grandi aspettative di crescita, i settori giovani presentano un rapporto medio molto più alto.

Un ulteriore multiplo invece fa riferimento al rapporto tra prezzo e patrimonio netto. È possibile ottenere il patrimonio netto sia dalla differenza tra elementi attivi ed elementi passivi del bilancio, sia sommando al capitale sociale le riserve indicate nel prospetto. Questo metodo di valutazione aziendale viene utilizzato generalmente per analizzare il reale valore posseduto da società finanziarie, assicurative o enti bancari. Questo rapporto aiuta il trader a comprendere quale sia il prezzo al quale il mercato è disposto a pagare un surplus rispetto al valore del patrimonio aziendale.

Se dal rapporto scaturisce un risultato inferiore a 1, allora l'azienda è sottovalutata e dunque sul mercato viene espresso un valore inferiore a quello reale. Se invece dal rapporto scaturisce un valore inferiore a 0,5, la valutazione dell'azienda è pessima e il multiplo indica addirittura un rischio elevato di vera e propria crisi.

3.3 – Il settore immobiliare

Uno dei principali indicatori dello stato di salute di un mercato è sicuramente il settore immobiliare. Questo infatti rappresenta una delle fonti più abbondanti dalle quali un trader può attingere moltissime informazioni, specialmente in relazione agli investimenti a lungo termine.

L'importanza del settore immobiliare deriva principalmente dalla massiccia influenza che esprime sia a livello macroeconomico che a livello microeconomico. In particolare il primo è uno dei principali indicatori delle prospettive di sviluppo che un'economia può celare, mentre il secondo è un indicatore dei valori di portafoglio presenti tra i privati.

Generalmente il settore immobiliare considera come unità di valutazione una proprietà immobiliare, composta sia dal terreno che da un edificio eretto su di esso. La valutazione però prescinde da questa considerazione e focalizza l'attenzione sulla destinazione d'uso, valuta cioè se la proprietà ha un impiego commerciale oppure semplicemente residenziale.

Come per quasi ogni altro asset, anche nel settore immobiliare è possibile effettuare investimenti a lungo termine, oppure investimenti di tipo speculativo da convertire in profitti nel breve e medio periodo. In particolare un investitore specula all'interno del comparto immobiliare acquistando una proprietà ad un prezzo inferiore rispetto al suo reale valore, come può avvenire ad esempio durante un'asta immobiliare, per poi rivendere lo stesso immobile al prezzo corretto, nel minor tempo possibile.

Ciò che lega ulteriormente il comparto immobiliare con il mercato finanziario è l'erogazione dei crediti. Infatti l'acquisto, la costruzione o la ristrutturazione di una proprietà rappresentano i principali motivi per cui un ente finanziatore concede un mutuo o un prestito ad un privato, mentre l'acquisto o la realizzazione di proprietà produttive sono i motivi basilari per la concessione di mutui aziendali o per la stipulazione di contratti di leasing. Proprio a causa dello stretto legame tra immobili e interessi passivi, i prezzi degli immobili sono soggetti ad una forte volatilità, caratteristica che può avere notevoli influenze sul mercato azionario. Infatti le banche e gli entri creditizi possiedono una riserva variabile, connessa alla qualità dei crediti che vengono erogati: eventuali svalutazioni sul mercato immobiliare possono generare dunque conseguenze anche molto negative, che possono portare a crisi finanziarie anche molto gravi, come ad esempio quella verificatasi negli Stati Uniti nel 2009.

Dunque un analista fondamentale deve monitorare costantemente l'intero settore immobiliare, al fine di capire quali eventi possano in qualche modo incidere sui mercati finanziari e quali invece possano avere effetti solamente relativi. Per facilitare questo compito, ciascuno Stato ha creato un sistema che tiene costantemente sotto controllo il comparto immobiliare. Questi sistemi consentono di acquisire determinate informazioni periodiche, mensili o trimestrali a seconda della Nazione, sui vari comuni, città, conglomerati urbani e città metropolitane. Con questi dati l'analista può intuire più facilmente e più precisamente quale sia l'attuale andamento dei prezzi all'interno del mercato e può creare previsioni sulle sue possibili evoluzioni future.

A svolgere questo ruolo negli Stati Uniti è la S&P Case, mentre sul territorio europeo a fornire i dati necessari è l'Eurostat. In Giappone lo studio messo a disposizione di tutti i potenziali analisti, trader e investitori viene realizzato direttamente dal Ministero che si occupa sia della situazione territoriale che delle infrastrutture. Quest'ultimo ha suddiviso l'analisi del mercato immobiliare in due differenti categorie: la prima dedicata esclusivamente alle analisi approfondite realizzate sul mercato, ma anche alle interpretazioni relative agli andamenti dei vari trend, mentre la seconda dedicata ai puri dati statistici.

Per aprire un investimento di tipo immobiliare è possibile adottare due differenti tipologie di esecuzione. La prima è diretta e richiede una riserva di capitale piuttosto ampia e una gestione costante e attiva dell'investimento. Il capitale allocato può essere sia proprio che derivante da mutui o prestiti concessi. La seconda modalità invece riguarda la possibilità di acquistare l'immobile senza detenere la pura proprietà, ma solo una quota di un fondo. L'utilizzo di fondi comuni si differenzia dalla prima, per tanti motivi.

Infatti questa seconda modalità di apertura di un investimento richiede molto meno tempo e molta meno dedizione. Inoltre i costi relativi alla gestione e alle varie commissioni inerenti al progetto verranno suddivisi in base alla quota detenuta. Un ulteriore vantaggio è rappresentato dalla possibilità di suddividere il rischio. Infatti un fondo immobiliare di questo genere comporta la suddivisione del capitale su un numero molto ampio di asset, favorendo in questo modo anche la possibilità di investire in mercati esteri anche molto distanti.

Oltre alle informazioni dirette, il comparto immobiliare offre anche alcune informazioni indirette, che devono essere recepite ed esaminate dall'analista fondamentale. Infatti gli indici immobiliari possono essere utilizzati come veri e propri benchmark, costituendo una base di analisi molto interessante per intuire quali possano essere gli andamenti futuri dei vari strumenti finanziari osservati.

3.4 – L'Analisi Fondamentale nel Forex

Anche nel Forex gli analisti fondamentali hanno l'obiettivo di capire quale possa essere il futuro andamento dei prezzi degli strumenti finanziari presenti nel mercato. Per poter raggiungere questo scopo è però necessario tenere in considerazione diversi aspetti, che influiscono costantemente sul mercato e che sanciscono la linea seguita dai trend finanziari.

Uno dei primi aspetti che ogni analista fondamentale deve necessariamente studiare è il tasso di interesse. Il valore di questo elemento viene deciso dalle Banche centrali di ogni Nazione, che agisce seguendo le logiche adottate dai vari governi. Dunque è inevitabile che le scelte operate in questo ambito influiscano in qualche modo sul mercato Forex, specialmente se si tratta di uno Stato che ha una certa influenza a livello mondiale.

Un ulteriore elemento da non sottovalutare è invece l'inflazione. Questa quantifica il valore e il potere di acquisto che assume la moneta, ed è dunque un aspetto fondamentale di ogni mercato finanziario. Anche in questo caso sono i governi, attraverso diverse manovre, a influenzare il tasso di inflazione, ben sapendo che un tasso alto comporta un arresto dei consumi, mentre un tasso eccessivamente basso comporta la recessione.

Naturalmente ogni analista fondamentale che agisce nel mercato Forex deve necessariamente rapportarsi con il Prodotto Interno Lordo nazionale. Analizzare questo elemento è infatti indispensabile per poter intuire quale sia il livello di volatilità presente sul mercato. Inoltre, il PIL è considerato uno dei più importanti indicatori dell'andamento economico di una Nazione. Gli analisti fondamentali possono inoltre utilizzare i rapporti preliminari del PIL, senza attendere il rapporto ufficiale, in modo tale da anticipare una possibile inversione di trend, ottenendo cospicui profitti.

Ma il Forex affonda le sue radici anche nella società, e proprio per questo motivo il tasso di disoccupazione è uno degli indicatori che più influiscono sugli andamenti dei prezzi degli strumenti finanziari. Oltre a rappresentare un altro importante indicatore dello stato di salute di una Nazione, infatti, il tasso di disoccupazione delinea anche la ricchezza media detenuta dai singoli cittadini, che incidono sul consumo nazionale e sul PIL.

Una Nazione con un ottimo welfare sociale ed economico mostra inoltre una bilancia commerciale positiva, ottenuta dalla differenza tra importazioni ed esportazioni effettuate in un determinato periodo. Se le importazioni superano le esportazioni, inoltre, il valore della moneta si rafforza, mentre nel caso contrario la moneta subirà un indebolimento.

Anche la stabilità dei governi rientra tra gli elementi principali che determinano le oscillazioni all'interno del Forex. Naturalmente la fiducia riposta dai singoli trader sui titoli finanziari nazionali determina l'oscillazione dei prezzi.

Oltre a tutti questi indicatori e situazioni però ciascun trader dovrà focalizzare la propria analisi finanziaria su altri tre elementi. Questi infatti influiscono in maniera diretta e indiretta sul mercato, e necessitano di un esame dettagliato e non trascurabile.

3.4.1 – La Politica Monetaria delle Banche Centrali

L'analisi delle mosse di Politica Monetaria attuate dalle singole Banche centrali è fondamentale per capire le reali possibilità che all'interno di uno Stato possa generarsi una tendenza alla crescita economica. La Politica Monetaria non agisce solamente nell'ambito dell'inflazione e dei tassi di interesse, ma si occupa anche del rapporto con gli altri Stati, della tecnologia, degli investimenti e addirittura del benessere sociale. È dunque una disciplina molto ampia, che abbraccia quasi ogni aspetto dell'economia. Ogni decisione però viene intrapresa e attuata dalle singole Banche centrali, che agiscono in virtù dell'orientamento politico presente al governo e seguendo le linee guida delle Banche centrali internazionali.

3.4.2 – L'economia

I trader inoltre devono basare la propria analisi sulle dinamiche che determinano l'andamento economico di una Nazione o di un gruppo di Nazioni. Questo tipo di analisi deve dunque essere improntata su tutti i fattori sociali e politici che caratterizzano un territorio, ma anche sul livello di consumo nazionale e sui vari settori produttivi. L'economia è dunque uno dei pilastri che sorreggono l'intera Analisi Fondamentale del Forex e, per poterla analizzare in modo approfondito, il trader dovrà dedicare a questa fase dell'analisi moltissimo tempo, oppure affidarsi a dati già pronti, che però potrebbero rivelarsi mal interpretati o incompleti.

3.4.3 – L'andamento dei commodities oro e petrolio

L'oro e il petrolio sono le commodities che maggiormente influenzano il settore finanziario e il mercato Forex. Sono due elementi spesso sottovalutati, trascurati e non compresi all'interno delle analisi, ma in realtà sono determinanti per capire quale possa essere l'andamento futuro dei trend.

L'oro è infatti considerato il bene rifugio per eccellenza. Questo significa che i trader, nel caso in cui i mercati attraversano alcune fasi negative, tentano di investire sull'oro. Per questo motivo, dunque, mentre tutti gli strumenti finanziari mostrano un andamento negativo, l'oro risulta essere l'unico elemento a presentare un trend positivo. Viceversa, l'oro mostra un andamento al ribasso quando il mercato è attraversato da momenti di euforia.

Anche il petrolio è uno dei commodities che influenza maggiormente i mercati di tutto il mondo ed in particolar modo il Forex. Esistono due differenti tipologie di petrolio, ma il consiglio è quello di focalizzare l'attenzione sul West Texas Intermediate, noto anche come WTI, che ha un'influenza maggiore rispetto al Brent.

Quasi tutte le economie mondiali dipendono infatti dal petrolio, o perché lo importano o perché lo esportano, e di conseguenza questa importanza si riversa inevitabilmente sul mercato finanziario. Un calo del prezzo del petrolio, dunque, comporterebbe dei vantaggi per i Paesi importatori e uno svantaggio per i Paesi esportatori, e viceversa.

Conclusioni

I temi affrontati fino ad ora ci hanno permesso di apprendere le principali nozioni relative all'Analisi Fondamentale e a ciò che essa comporta. Essa si basa su una serie di semplici principi, difficili però da applicare se non si hanno le competenze necessarie. Per intraprendere l'Analisi Fondamentale è importante imparare ad esaminare i dati del bilancio di esercizio delle società, per essere in grado di effettuare delle stime e delle previsioni di breve, medio e lungo periodo. La raccolta e lo studio della grande mole di dati finanziari richiedono tempi abbastanza lunghi e una valida conoscenza del mercato e delle discipline matematiche e econometriche, motivo per cui l'Analisi Fondamentale non è di facile utilizzo da parte dei meno esperti. Ma, se utilizzata in modo corretto, essa può garantire una gestione ottimale e ottimizzata dei propri capitali, in modo tale che vengano investiti riducendo i rischi e in base alla volatilità dei mercati, con consapevolezza e evitando di operare scelte sbagliate che comporterebbero la perdita del denaro.

I principi cardine dell'Analisi Fondamentale sono utili anche per gli analisti tecnici, come strumenti di supporto nelle decisioni di investimento, grazie allo studio del calendario degli eventi macroeconomici per stabilire quale sia il momento più opportuno per effettuare gli investimenti.

L'Analisi Fondamentale è dunque un valido strumento, anche se presenta dei limiti connessi alla sua complessità, ma rimane comunque molto importante per comprendere a fondo i mercati finanziari.

www.ingramcontent.com/pod-product-compliance
Lightning Source LLC
Chambersburg PA
CBHW060850220526
45466CB00003B/1317